国家级辅导员名师工作室专项经费支持

辅导员名师工作室

申报书撰写指南

刘明耀◎著

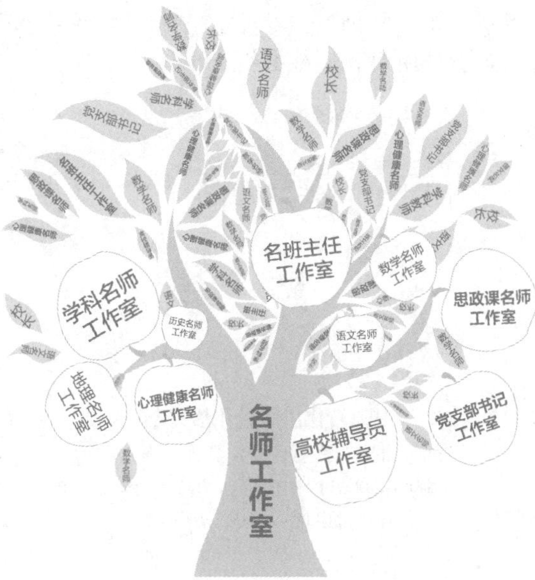

中国石化出版社
·北京·

图书在版编目（CIP）数据

辅导员名师工作室申报书撰写指南 / 刘明耀著 . 北京：中国石化出版社，2025. 5. -- ISBN 978-7-5114-7971-6

Ⅰ. G645.1-62

中国国家版本馆 CIP 数据核字第 20251ZG902 号

中国石化出版社出版发行

地址：北京市东城区安定门外大街 58 号

邮编：100011　电话：(010)57512500

发行部电话：(010)57512575

http://www.sinopec-press.com

E-mail：press@sinopec.com

宝蕾元仁浩（天津）印刷有限公司印刷

全国各地新华书店经销

*

710 毫米 ×1000 毫米 16 开本 2 印张 18 千字

2025 年 5 月第 1 版　2025 年 5 月第 1 次印刷

定价：19.80 元

前　言
PREFACE

2021年，自己有幸获批辽宁省首批高校辅导员名师工作室、辽宁省首批高校网络育人名师工作室。

2022年，依托名师工作室资源，为全省100所中职学校“名班主任工作室”开展了共建共联培育孵化建设。

2023年，在全国开展了50余场《名师工作室建设的任务驱动与对标对表》讲座分享，手把手指导了80余个名师工作室申报、建设方案的修改完善。

2024年，出版了《手把手教你打造名师工作室》一书，一个月内实现了2次重印，多次获得当当教育类热销榜第一。凭借该书自己获评了第十一届当当影响力人文社科作家。

2025年，工作室有幸获批教育部第二批辅导员名师工作室立项，正式成为国家级辅导员名师工作室。

20年学生工作经历，8年工作室建设实践，3年申报筹备历程，所有的苦辣酸甜都凝练于5000字申报书中。

作为名师工作室主持人，申报时，曾思路混乱过；获批时，曾心情激动过；建设时，曾面临“一穷二白”的困境过；验收时，曾经历材料“大跃进”的阶段过。

自己一直在思考探索：研究方向是聚焦还是杂交？前期基础是写过去还是未来？组织架构是垂直线还是金字塔？建设内容是“游击战”还是“围城战”？

此时正在阅读本书的你是否也面临如下迷茫困惑：

政策解读不准，对申报要求、建设标准、考核指标缺乏系统认知；

逻辑架构不清，申报书存在定位模糊、特色不足、路径空泛等问题。

成果凝练不足，只是简单罗列，没有形成可复制、可推广的经验和模式；

数智赋能不强，东拼西凑微信抖音等内容，未能体现大数据赋能应用平台。

作为《手把手教你打造名师工作室》的姊妹篇，《辅导员名师工作室申报书撰写指南》在不断申报迭代的基础上应运而生。它结合了我自己在申报校级、省级、国家级辅导员名师工作室的过程中所经历的经验与痛苦、失败与教训、反思与复盘，按照国家级辅导员名师工作室申报书的格式进行了逐字逐句的拆解。

通过阅读本指南，你将避免遭遇我曾遇到的申报问题，掉进的大坑、写错的数据、忽视的细节以及错过的经验。

《辅导员名师工作室申报书撰写指南》完全按照国家级辅导员名师工作室申报书内容进行拆解撰写。该书虽然篇幅不长，但每一页都凝练着精华，直击痛点，指出误区，提醒避雷，给出示范，正反对比，提供思路。

建议将《手把手教你打造名师工作室》与《辅导员名师工作室申报书撰写指南》这两本书有机结合阅读，才能发挥1+1>2的效应，给你不一样的申报思路与体验。

辅导员名师工作室申报是一项系统工程，也是一项常态化工作，更是一个漫长跋涉的历程。由于本人能力有限，仅局限于自己的申报之路撰写的一家之言，如有不足之处，还请批评指正。

感谢全国辅导员战友对《手把手教你打造名师工作室》书籍的大力支持！

感谢中国石化出版社对本书的建议、策划、指导和设计，终于让本书和大家见面！

每一位名师工作室主持人都是一束光，或许这束光并不耀眼，却有着自己独特的温度，在温暖别人的同时，也能照亮自己的前行之路。

微光聚暖，众行致远。愿所有名师工作室的主持人在申报之路上都能找到自己的诗和远方，愿所有名师工作室在主持人的引领下，都能发出智慧之光、感召之光、互助之光、温暖之光。

让我们一起从梦想启航，共创名师工作室的辉煌篇章！

作者

2025年5月

名师工作室

一、现有工作基础

1.1 工作室建设情况（可附页）

包括但不限于与工作室建设方向相关的工作基础、研究基础、队伍基础等。

> 此条要求要写清工作室建设方向、工作基础、研究基础、队伍基础。“等”字意味着可以加项，但不要超过两项。基础要体现已经完成的，不要写未来要做的。申报书的本质是“用过去证明未来”，需要通过基础证明你有能力将工作室从蓝图变成现实，并且具备不可替代性。

1.1.1 建设方向

> 建设方向要围绕辅导员九大职责或十大育人体系某一项宏观写。开篇点题，直接聚焦方向。建设方向不超过200字。

【注意事项】

辅导员工作室建设方向即研究方向。建设方向需聚焦，避免混杂。不能把建设方向写成“五马分尸”，出现建设方向既研究辅导员成长，也研究红色理想信念教育，又研究网络思政教育，还研究心理危机干预。

工作室建设方向不能四处开花，要细分领域。

【错误示例】

工作室以“要坚持把立德树人作为中心环节，把思想政治工作贯穿教育教学全过程，实现全程育人、全方位育人”的宗旨为指导，紧密围绕“引导学生树立正确的价值观、促进学生全面发展、深入掌握学生思想动态”和“提升辅导员育人能力”的两个核心目标开展育人工作，积极开展网络思政教育，培养高素质人才，发挥辅导员服务育人、管理育人、实践育人、组织育人、心理育人等功能，做好服务于辅导员和学生两大群体。

> 建设方向杂、乱、多。

【推荐示例】

本工作室建设方向为校园危机事件应对与安全教育。近年来，主持人紧扣立德树人根本任务，坚守为党育人、为国育才的使命，认真学习贯彻习近平新时代中国特色社会主义思想和党的二十大精神，以辅导员名师工作室为有

> 开篇点题，直接明确工作室建设方向。

研究基础是指工作室前期取得了哪些成果，获得了哪些有较大影响力的成果。成果至少要地市级以上。

成果堆砌，脱离建设方向；未体现成果的实际应用价值；成果不够具体。

榜前30强。其中1篇文章进入全国每周热文榜第1名。

1.1.3 研究基础

【注意事项】

研究基础中的“果”是指可视化成果。可视化成果包括课题、论文、教材、原创课程、荣誉奖项、视频、工作指南、典型案例、阅读量、观看人数等。

研究基础展示“理论研究－实践应用－成果辐射”的闭环。

【错误示例】

本工作室多年来研究成果丰硕，参与国家级课题1项、省级课题2项，发表论文5篇，参与编写教材2部，荣获各类奖项20余项。

【推荐示例】

（1）打造原创精品课程

工作室开发“高校校园学生危机事件应对与处理能力提升”“辅导员如何打造个人成长IP”两门原创版权课程。两门课程均已被中国教育干部网络学院纳入网络课程师资库。目前，该课程视频累计播放次数达到20万+；工作室主持人撰写的《学生打架危机事件应对与处理》《新时期五有辅导员》《谈心谈话有效区别》3篇原创文章入选中国大学生在线辅导员素质能力提升专题；工作室推出“图说思政”“资助万里行”品牌课程，累计为全国50余所高校进行线上线下讲授。

（2）推广凝练研究成果

主持人出版了《新时代校园学生危机管理指导与实践》《辅导员打造个人品牌IP实战指南》《手把手教你打

造名师工作室》3本思政专著，10个月内累计发行18000余册，被全国**100余所**高校采用，多次荣获当当、京东教育类热销榜第一；主持人申报的“辅导员校园危机管理七堂课”已入选教育部中国大学生在线2021年度高校辅导员网络培训课程建设项目申报暨百门精品培训课程立项，现已完成课程建设并顺利通过验收；工作室开发并**获批立项辽宁省人社厅**“校园危机管理”**专项能力证书**，该证书已纳入省人社厅专项能力证书统一考试目录。

（3）积极参加评选活动

工作室团队成员先后荣获省级荣誉一等奖2项、二等奖3项、三等奖8项。申报人主持完成了省社科办课题1项、省教育厅课题3项、省教育厅思政课专项1项、省教育厅青年骨干专项1项；先后荣获省级辅导员精品项目一等奖1项、二等奖1项；荣获“省青年教育科研骨干”1项、省网络文化节优秀网络文章一等奖2项；主持人个人博客荣获了省教育厅“优秀博客”荣誉称号；2篇文章荣获省教育厅“优秀博文”荣誉称号。

1.1.4 队伍基础

> 队伍基础是指工作室前期聚集了哪些人，这些人具有哪些影响力。“工作基础、研究基础、队伍基础”都属于过去时，不是将来时。

【注意事项】

队伍基础中的“人”要分层次，具有覆盖面。一是按照工作职责分，可以包含辅导员、学生处处长、思政课教师、校外大咖辅导员等；二是按照学历层次分，可以包含博士、硕士等；三是按照职称级别分，可以包含教授、副教授、讲师等；四是按照荣誉奖项分，可以包含全国最美辅导员、辅导员年度人物、辅导员素质能力大赛获奖选手。

队伍基础中的“人”要有成果，具有影响力。开展了哪些活动，获得了哪些荣誉，考取了哪些证书，扩大了多少影响。

队伍基础强调“专业互补－合作历史－资源整合”的协作生态。

成员结构单一，优势不互补；未体现成员专业背景、技术特长。

虚化团队能力，缺乏具体佐证；未用具体数据、资质证书、可视成果证明团队成员能力。

【错误示例】

工作室团队成员由10名辅导员组成，均负责日常管理工作。工作室团队成员认真学习理论知识，提升理论水平，工作中兢兢业业，任劳任怨；在工作中不迟到早退，按时完成领导交给的各项任务。团队成员经验丰富，能够胜任工作室工作。

【推荐示例】

（1）人才培养形成梯队

主持人获批省级辅导员名师工作室立项，组建了来自全国的22人工作室核心团队，包含了3名博士、5名硕士、4名副教授、2名学生处处长、13名一线辅导员。工作室由老中青组合，实现“传帮带”作用。其中荣获全国辅导员年度人物1人、思政中青年骨干1人。工作室成员累计完成线上线下安全教育宣讲100余场。

（2）素质提升能力加强

2021年5月—2024年7月，工作室设计完成了“7天辅导员校园危机管理能力提升线上训练营”共计6期，来自全国5000余名辅导员累计打卡输出80余万字，形成了辅导员共创学习的新模式；2022年工作室联合抖音平台向全国大学生开展“我的安全我做主”公益直播分享，实现了单场直播12.2万人观看，获得了154.8万人的点赞；截至目前开展辅导员素质能力提升沙龙12期，与全国各辅导员工作室联合开展线上线下交流分享6期；完成了辅导员工作典型案例库、微活动案例库建设，提升了辅导员的综合素质能力。

（3）团队协作共创成果

工作室团队成员先后获得“全国辅导员年度人物”“省高校辅导员名师”“省高校网络育人名师”“市级优秀辅导员”等荣誉称号；荣获省级教学能力大赛一等奖1次；完成了“我是辅导员，我有好课程”公益修改课程大纲活动5期；工作室获批立项省级党建课题2项、省级思政课题1项；工作室成员作为指导教师荣获“互联网+”大学生创新创业大赛银奖1项、“挑战杯”大赛铜奖1项；累计发表学术论文10余篇；荣获2021年度省易班共建高校优秀工作案例1项；工作室团队成员先后考取了国家职业指导师、心理咨询师、网络舆情分析师等证书。

奖励情况一定要写满，不要出现空格，可以加页。一般按照国家级、省级、市级顺序进行填报，让评委能够一目了然。

获奖时间一定要体现出近五年，不要超年限，否则容易被一票否决。

如果排序第一的已经写完，第二、第三、第四、第五也要写进去，不要留白，要写满；省级写完写市级，第一写完写第二至第五。

1-2　主持人近五年工作获奖励情况

序号	获奖名称	授予单位（学校级 / 省部级）	获奖时间	排序
1	省辅导员精品项目一等奖	省级	2019 年	第一
2	省辅导员精品项目二等奖	省级	2019 年	第一
3	全国高校“十大育人”网络作品二等奖	省级	2019 年	第一
4	省级辅导员名师	省级	2021 年	第一
5	省级网络育人名师	省级	2021 年	第一
6	省网络文化节优秀案例一等奖	省级	2024 年	第一
7	省网络文化节新媒体一等奖	省级	2024 年	第一
8	省级网络文化节动漫作品三等奖	省级	2024 年	第一
9	省职业教育教学成果奖一等奖	省级	2021 年	第三
10	省职业院校职业技能大赛教学能力比赛一等奖	省级	2022 年	第三
11	第二届水利院校德育教育优秀成果三等奖	省级	2021 年	第三
12	大学生思想政治教育课程研究成果二等奖	市级	2022 年	第四

1-3 工作室近五年工作代表性成果

（注：代表性成果包括具有较强针对性与实效性的工作指南、案例或视频等。）

序号	成果名称	成果形式	第一完成人是否为主持人	完成时间
1	《新时代校园学生危机管理指导与实践》	专著	独著	2021 年
2	《辅导员打造个人品牌 IP 实战指南》	专著	独著	2022 年
3	《手把手教你打造名师工作室》	专著	独著	2024 年
4	辽宁省人社厅“校园危机管理”专项能力证书	工作指南	主持人	2022 年
5	“校园危机管理”课程	视频	主持人	2020 年
6	《我在清华当钳木工》	视频	主持人	2022 年
7	《辅导员校园危机管理七堂课》	视频	主持人	2023 年
8	《辅导员校园危机管理虚拟仿真课程》	视频	主持人	2024 年
9	《高职院校辅导员就业指导能力提升》	视频	主持人	2024 年
10	《学生打架危机事件应对与处理》	案例	主持人	2018 年
11	《同学们，如果出现瞒报、乱跑、拒检等行为，要承担法律后果》	案例	主持人	2020 年
12	省职业教育“课题革命”典型案例	案例	主持人	2022 年
13	《大学生劳动教育》	教材	主编	2023 年
14	《辅导员工作教程》	教材	主编	2019 年
15	《系好人生第一粒扣子》	教材	主编	2018 年
16	“主题班会课程化开发与设计”	课题	主持人	2023 年

代表性成果是指工作室全体成员的，不只是申报人。所以要写满，更要加页写满。一般2页40项左右最好。

专著权威性最大，要放在前面。

工作指南是指辅导员针对某项工作开发出来的具体流程或标准。最好是市级或省级以上才能凸显权威性。

视频比较广泛，各种微课视频均可以填报。

案例最为普遍，填报的案例要有一定的影响力或广泛性。例如“典型案例”的阅读量超过5000+，或者获得市级以上荣誉。

师”，服务学生“有实效”，工作成果“塑品牌”，危机管理“可复制”，为辅导员成长“灯塔引航”。

2.1.2 培养思路

【注意事项】

培养思路不分段写，要使用概括性语言进行综述。同时要融入模型，重点突出模型，把模型进行概括阐述，凝练升华。培养思路字数控制在300字以内即可。

【错误示例】

思路空泛，缺乏模型，没有具体措施。

培养思路脱离实际，目标过高。

本工作室通过理论学习、实践锻炼、专家指导等方式，全面提升辅导员整体综合素质，通过定期组织培训，邀请专家讲座，鼓励辅导员参加比赛，计划一年内培养10名省级优秀辅导员，发表10篇核心期刊论文，同时加强辅导员科研能力，聘请专家作为指导教师，培养优秀辅导员团队，提升辅导员职业化、专业化、专家化队伍水平。

【推荐示例】

用模型概括性阐述。

未来两年建设周期内，工作室将深入学习宣传贯彻习近平新时代中国特色社会主义思想和党的二十大精神，**实施“十百千万”工程暨搭建十个平台，开展一百场讲座，深度链接一千名辅导员，覆盖一万名大学生成长。**构建校园危机应对与处理“五位一体”成长闭环，紧紧围绕以学生为主体，充分发挥平台、实践、课程、品牌、名师有效联动，实现成长有平台、实践有路径、课程有特色、品牌有IP、名师有成果。

2.1.3　建设内容

> 申报书建设内容属于“一剑封喉”，建设内容是吸引评委的点睛之笔。

【注意事项】

建设内容是申报书的重中之中，是核心，是重点，是骨架，是心脏。虽然有的申报书中没有提建设内容，但必须要写建设内容。没有建设内容的申报书就是雾里看花、水中望月，没有建设内容的申报书就是行走的皮囊四处游荡，没有建设内容的申报书就是海市蜃楼、纸上谈兵。

建设内容不要遗漏，建设内容不要简写，建设内容不要缺失。

建设内容要围绕建设方向进行设计，建设内容与建设方向要匹配，要用模型概括出来，要具体阐述模型。

建设内容：一级是项目，二级是活动，三级是内容。建设内容一般写3~5个项目。每个项目写3个微活动即可。

建设内容是写未来，不是写过去。建设内容要有模型，有数字，有措施。

【错误示例】

本工作室建设方向为志愿服务育人，建设内容：一是故事引领与思想教育；二是资源整合与传播矩阵；三是平台搭建与品牌打造；四是团队建设与能力提升；五是保障措施与常态化管理；六是教育培训与技能提升；七是宣传推广与影响力扩大；八是经费支持与合作拓展；九是成果展示与交流互动；十是激励机制与表彰奖励。

> 建设内容不要大而全，要体现品牌特色；不要把条件保障、前期基础都写入建设内容中去。

本工作室建设方向为志愿服务育人，建设内容为秉承青年志愿精神，将高等教育立德树人目标与志愿服务深度融合，创立“党建+服务社会”品牌。12年来，持续助力贫困地区教育，定点帮扶贫困学校、孤独症家庭服务中心等地，并与青少年宫、职校等建立支教基地，足迹覆盖全域及全省教育薄弱区。累计500余名党员师生参与，带动千余名志愿者，培训教师260人次、小学生近万人次，惠及城市学

> 建设内容是写未来要做的工作，属于将来时，不是写过去完成的内容。

生及居民数千人。先后荣获学院党建成果一等奖，获省市媒体连续报道，赢得社会广泛赞誉，在新时代绽放光彩。

【推荐示例】

（1）构建“十个一”校园危机管理能力提升平台（2025—2026年）

搭建“十个一”平台，即一个专家指导平台、一个法官对接平台、一个律师咨询平台、一个空中云端平台、一个舆情监控平台、一个网络宣传平台、一个案例共享平台、一个安全教育平台、一个课程开发平台、一个品牌孵化平台。

（2）打造“校园危机管理百场校园巡讲”品牌项目（2025—2027年）

开展校园危机管理一百场巡讲行动，通过线上与线下有机结合，学习校园危机管理应对之法，加强学生安全法治教育，为辅导员以及大学生成长赋能，提升辅导员综合素质能力，引领大学生成长成才。

（3）链接“一千名辅导员”成长（2025—2027年）

每年开展一次辅导员成长论坛，通过辅导员论坛，开展专题报告、成果发布、典型案例分享等，促进辅导员个人能力成长；每季度开展一次辅导员素质能力提升训练营，开展危机处理、心理预防、谈心谈话等实战训练，提升辅导员教育管理能力；每月开展一次辅导员经验分享交流会，分享学生管理过程中遇到的危机案例，分析总结研判凝练，形成典型案例。

（4）覆盖“一万名学生”安全教育（2025—2027年）

面向全国学生通过线上与线下主题班会、抖音直播、视频号等载体，加强学生的安全法治教育，增强学生的安全意识。定期发布安全教育网文，帮助大学生正三观、辨是非、防安全，面向全体同学开展咨询服务，帮助大学生排忧解难、化解矛盾，形成有德成人、有技成才、有职成业的“三有三成”育人目标。

2.1.4 预期成效

工作室只是载体，预期成效是指通过工作室建设，为辅导员和学生带来哪些影响、哪些成长、哪些变化。

【注意事项】

预期效果可以分成预期成效和预期成果两个类别进行撰写，也可以合作一起进行撰写。

预期成效要宏观写，重点是解决了哪些问题，达到了什么水平，获得了哪些成果，实现了哪些目标，推动了哪些建设。

预期成效写3~5条即可。每个段落小标题最好为对偶句。

预期成效的载体是工作室，要充分体现出工作室的作用，可以处处不提工作室，但要处处体现工作室。

【错误示例】

通过工作室建设，提升辅导员队伍整体素质，增强学生思想政治教育效果；通过工作室建设，发表核心期刊论文10篇，1年内实现全国辅导员素质能力大赛一等奖1名，2年内实现全国辅导员年度人物1名，3年内实现国家级辅导员名师工作室1个；工作室成员获得省级荣誉5项，立项市级以上课题3个。工作室成员获得市级以上荣誉5项，省级课题立项3个。

成效描述模糊，缺乏量化指标。

目标与成效脱节，过度追求高大上，成效夸大，不切实际。

成效未体现学生主体性，局限于工作室成员自身，未关联学生成长数据。

【推荐示例】

每个段落小标题要凝练成对偶金句。

（1）使工作室成为个人成长聚集地

每个段落要体现“通过工作室建设+动词（实现、达到、解决）+小载体+微数字”。

通过工作室建设，汇聚全国辅导员智慧，整合校内外资源，为辅导员提供定制化成长路径，通过培训、交流、复盘，不断提升自我，实现为全国1000名辅导员精准赋能成长，加速辅导员职业进阶。

（2）使工作室成为思政育人总结地

通过工作室建设，深挖学生管理痛点，总结思政育人内涵，提炼育人方法经验，通过案例分析、成果展示、经验分享，不断优化育人策略，完成50个校园危机管理典型案例撰写，提升学生管理水平，形成思政育人高地。

（3）使工作室成为学生培养集散地

通过工作室建设，围绕学生成长需求，精心设计成长方案，加强学生安全法治教育，通过安全大讲堂、开学第一课、主题班会等，完成10000名学生安全知识教育普及，使学生知安全、懂安全、守安全，助力学生全面发展。

（4）使工作室成为品牌打造孵化地

通过工作室建设，结合团队成员个人优势与特长，聚焦长板，凝练特色，推广先进事迹，通过特色项目、原创课程、典型案例等，开展“百场校园巡讲行动”，把学生管理经历凝练成经验，经验设计成课程，课程变成品牌，品牌实现价值，打造辅导员个人成长IP。

2.1.5 预期成果

【注意事项】

预期成果是围绕建设方向完成的建设内容所产生的可视化产出物。预期成果不能脱离建设方向太远。

预期成果可以是案例、课程、论文、活动、次数、专著、经验、奖项、证书等。

预期成果＝可视化＋能完成，预期成果写10个左右即可。不要写得太多而完不成，不要写得太高而实现不了。

预期成果设计公式＝动词＋工作室建设方向＋载体＋数量

【错误示例】

通过工作室建设，提升辅导员专业能力，推动思政工作创新发展，提升学生满意度；发表期刊论文10篇，举办5场文艺演出活动；三年内出版5本专著，申请10项国家级课题；总结工作经验，组织辅导员培训10次，形成一套科学有效可复制的辅导员培养模式。

成果表述空泛，缺少具体可视化产出物；无法评估是否达成，缺乏可信度。

成果与建设方向和建设内容脱离，与工作室关联性弱。

成果数量夸大，很难完成，未考虑辅导员日常工作负荷与科研基础。

成果辨识度低，表述同质化，无法衡量或无法验证，没有凸显工作室特色，难以在评审中脱颖而出。

【推荐示例】

（1）开展校园危机管理巡讲行动100场

（2）撰写校园危机管理共享案例50个

（3）录制校园危机管理原创微课5门

（4）申报校园危机管理版权证书5个

（5）发表校园危机管理方面论文10篇

（6）出版《校园危机管理100问》专著1部

（7）开发校园危机管理虚拟仿真平台1个

（8）举办全国性校园危机管理论坛1次

（9）完成校园危机管理体验式工作坊6期

（10）获评省级以上思政荣誉奖项10个

2.2 大数据赋能应用（可附页）

大数据赋能没有统一的平台，申报人可以结合学校的大数据平台进行撰写。

包括应用平台、应用方式及预期效果。

【注意事项】

很多申报人在撰写“大数据赋能应用”这个模块时没有具体思路，不知道如何撰写，所以寥寥几笔带过。“大数据赋能应用”模块字数应该为1000字左右。

申报人可以从以下几个角度进行撰写：

申报人要首选官方的“辅导员大数据赋能平台”，如果没有参与或相关成果，那只能退而求其次，从其他平台角度进行撰写。

一是从参与辅导员大数据赋能平台角度撰写。辅导员如何通过辅导员大数据平台赋能成长，如何利用平台开展理论学习、案例申报、微课录制、经验交流、自我提升等。

二是从参与易班中心平台角度撰写。辅导员如何通过易班中心平台赋能成长，如何利用平台开展易班活动、设计微课、互动打卡、创新项目等。

三是从使用学工系统平台角度撰写。辅导员，如何利用学工系统平台赋能成长，如何利用学工平台打卡签到、发布通知、开展活动、思政育人等。

四是从运营公众号、抖音、小红书等平台角度撰写。辅导员如何运营微信公众号、抖音号、小红书赋能成长，如何撰写网文，直播数据、阅读量、传播度、互动率等。

选准一个平台要详细写，要具体写，要写出特色，写出精彩。

【推荐示例】

工作室针对辅导员队伍年轻化、学生问题多样化、能力评定单一化的现状，联合某科技有限公司设计了“辅导员素质能力提升虚拟仿真课程”数字化平台，采用虚拟现实、大数据、人工智能等技术，创新打造沉浸式、体验式、交互式系列数字校园危机管理课程。

依托该平台围绕建设方向开展建设内容。

2.2.1 平台功能

（1）仿真还原案例场景，沉浸交互技能训练

该平台采用虚拟现实技术，还原案例真实场景，通过空间漫游、场景交互、教学互动、剧情对话等多种交互模型鼓励辅导员自由探索、自主学习，让辅导员沉浸式学习与训练，提升辅导员的实际问题解决能力和临场应变能力。

（2）完善考核测评体系，跟踪反馈学习成效

该平台设有随堂检测、模拟测试、结业考试等模块，通过课程应用数据抓取，学员活跃数据排名，情景实训成绩在线，实时跟踪掌握辅导员知识学习情况，了解实践应用能力，提升问题解决能力。

（3）建立AI数字辅导员，智能助学答疑解惑

该平台采用AI大语言模型和虚拟数字人技术，打造AI数字辅导员，在虚拟仿真课程学习过程中提供智能引导，辅导员可以即时提问，即时获得AI答案，为辅导员答疑解惑。

2.2.2 应用方式

（1）虚拟仿真实操情景训练

通过该平台，辅导员进入课程后采取沉浸式技能训练体验，如身临其境，在虚拟仿真场景中进行交互式学习，有预警，有提示，有反馈，有互动。趣味化学习过程让辅导员能够以危预危、以危度危、以危化危。

（2）专家师资打造精品课程

该平台围绕辅导员九大工作职责，设计辅导员素质能力提升课程体系。现已邀请全国辅导员年度人物1人、全国辅导员素质能力大赛一等奖1人、学生处处长2人、省级网络育人名师2人、博士辅导员3人，共计完成了90集微课录制，每集微课有目标，有过程，有考核，理实虚一体，必学选学分类。

（3）动态呈现学习成长轨迹

该平台在手机端及电脑端随意切换学习，建立立体多元评价体系，实时提供数据分析报告，对学习进度监测跟踪。通过随堂测试、模拟测试、结业考试等形式，依托大数据底座，实时跟踪并动态呈现辅导员学习过程及成长轨迹，有效提升辅导员综合素质能力。

2.2.3 预期效果

（1）更科学的培养管理，提供数据支撑

该平台依托信息化管理基座，实施大数据跟踪成长路线，采用虚拟仿真培训模式，有理论，有实操，有场域，有数据，为申报学工精品项目提供数据内容，数智化赋能思政教育。

（2）更系统的培训模式，形成培训闭环

该平台打通学、练、测、评、用全环节，从课程学习、考核评价、学员管理、课程管理、资源中心、社区互动、模版共享等多重维度完善培训闭环，打造系统科学的学习路径。

（3）更全面的能力提升，培育示范典型

该平台聚焦九大职责，设计“理论学习专家微课、模拟情景仿真训练、工作经验研讨”等学习类型，通过数据凸显示范典型，形成可视化成果，为辅导员注入新鲜活力和动力。

2.3 申报优势

工作室所具备的优势和特色等。

> 申报优势和特色可以合写，也可以分开写。

【注意事项】

申报优势和特色版块字数要控制在1000字左右。不要写成100字以内，字数太少会让评委感觉没有优势和特色。

申报优势和特色可以从三个角度进行撰写：

一是从内容角度写优势和特色。一般从高度、角度、深度、力度、态度等五个方面进行撰写；或者从领导重视、条件保障、人员构成、制度规范、运行机制等五个方面进行撰写。

二是从项目角度写优势和特色。一般从项目种类丰富、项目传播影响、项目育人体现等三个方面进行撰写。

三是从自身角度写优势和特色。一般从主持人优势特色、团队成员优势特色、指导专家优势特色等三个方面进行撰写。

优势特色撰写要体现具体化、差异化、结构化、可视化。

【错误示例】

本工作室师资力量雄厚，经验丰富，具有显著优势；平时注重理论与实践结合，关心学生成长成才；团队科研能力强，擅长学生管理研究；工作室致力于提升辅导员专业能力，为党育人，为国育才。

> 优势特色内容泛泛，缺乏支撑依据。

> 同质化陈述，缺少辨识度。

> 缺乏创新性表述，未体现成果转化路径；缺乏说服力。

工作室实施微活动、微征文、微投票、微公益、微访谈、微视厅等“六微工程”，形成“全媒体+全时空+双引擎”的品牌矩阵，全方位展示育人成效。

> 该段落属于建设内容，不要把建设内容写到“优势特色”中去。

【推荐示例】

2.3.1 平台成型早

主持人前期运行了“辅导员联播”公众号，现关注人数为25153人，撰写校园危机事件案例30余个，发表原创网络文章404篇，累计阅读量80万+；**获批了省级辅导员名师工作室、省级网络育人名师工作室**，并以年终**“优秀”**成绩通过省教育厅考核。

2.3.2 课程积累多

申报人开发了《走进知青岁月　点亮理想心灯》《高校校园学生危机事件处理能力提升》《辅导员打造个人成长IP》《大学生安全教育》等20余个原创版权课程，完成了全国线下**164场**校园巡讲、线上**196场**直播分享；《校园危机管理》课程入选中国教育干部网络学院，观看量已达**20万+**。

2.3.3 榜样对标强

目前与**2个**国家级辅导员名师工作室、**12个**省级辅导员名师工作室、**64个**校级辅导员名师工作室建立合作支持共享关系。通过理论宣讲、研讨交流、经验分享、共创项目等，实现资源共享、项目联动、取长补短、对标看齐。同时承担了全省**50所**中职学校名师工作室培育孵化建设任务。

2.3.4 人员组合优

目前工作室已有成员22人，全部来自全国一线辅导员、思政课教师、学生处处长、辅导员年度人物。在工作室中各负其责，运行有序。定期开展辅导员沙龙、工作坊，目前已完成思想政治教育主题沙龙16期，辅导员成长工作坊8次。

2.3.5 网络宣传广

工作室联合抖音平台面向全国大学生开展了5期《我的安全我做主》网络直播分享，实现了单场直播12.2万人观看纪录，获得了**154.8万**人气点赞，扩大了工作室的影响力。

2.3.6 科研能力强

主持人主持省教育厅、社科办、社科联省级以上课题6项；先后出版《新时代校园学生危机管理指导与实践》《辅导员打造个人品牌IP实战指南》《手把手教你打造名师工作室》专著，主编《大学生劳动教育》《系好人生第一粒扣子》《职业生涯规划与就业指导案例解析》等教材；曾获省“教科研青年骨干”、省**“辅导员精品项目一等奖”**、省**“结对子”**先进个人、省**“优秀博客”**等荣誉称号。

2.3.7 成果落地快

工作室发起了“我是辅导员，我有好课程”品牌项目，在上海、贵阳、沈阳完成课程化开发工作坊3期；一对一为全国辅导员公益修改课程大纲6期；指导开发原创微课22门，开展辅导员线上直播分享12期。

三、条件保障

（包括申报人所在地方或高校所能提供的政策、条件、平台、经费等方面配套支持。）

政策保障是指针对工作室建设出台了哪些文件措施。

（1）政策保障

学校积极加强辅导员工作室建设，出台了系列文件制度，立项了两个校级辅导员工作室，形成了“省级引领，校级发展”梯队；设置专项培训经费，鼓励辅导员开展专项研究，并将辅导员工作室建设情况纳入了职称评审。学院党委将进一步对辅导员工作室建设给予场地、人力、财力的支持。

人员保障是指工作室成员包含了哪些人，这些人有哪些学历、经历和经验，为工作室提供资源整合。

（2）人员保障

工作室成员由在职在编的一线辅导员、思政教师、二级学院副书记、辅导员年度人物、学生处长组成。他们具有研究生及以上学历，具有思想政治教育、教育管理、法学、心理学等专业背景，具有丰富的一线思想政治教育工作经验和理论研究水平。

经费保障是指工作室每年的经费支持具体是多少，包括培训学习、调研交流、成果培育等。

（3）经费保障

学院支持工作室建设，每年拨付5万元专项工作室建设经费。将辅导员工作室建设纳入学院思想政治教育整体计划，制定名师工作室建设具体方案，定期向党委进行汇报。不断完善学习交流、培训、科研、实践、评价等制度，确保辅导员工作室建设有序开展。

平台保障是指工作室借力哪些平台，学校为工作室提供哪些平台。

（4）平台保障

辅导员工作室建设将纳入学院信息化建设整体规划，通过网络大数据中心建设，提升工作室大数据搜索与应用能力。2023年已获得某科技有限公司技术风投，投入100万元用于研发“辅导员虚拟仿真素质能力提升课程平台”，以工作室为中心，向外辐射全国辅导员工作室，助力辅导员工作室形成可视化成果，实现思政教育的实效性、针对性、趣味性。

经费预算是指申报人按照工作室立项获批后所需要的具体经费。按照申报书固定格式填空即可。

项目经费总额不宜太少，只写2000元，给评委感觉经费太少，学校不重视，项目完不成；也不要写太多，写50万元，给评委感觉经费太多，分配不合理，有虚假之疑。一般经费预算写5万~10万元即可。

四、经费预算（可另加行）

基本信息		
项目建设周期	2年	
项目经费总额度	5万元	
预算计划		
类别	**金额（万元）**	**说明**
办公费	0.3	荣誉证书、书籍
会议费	1.5	开展工作室论坛场地、材料费
咨询费		
印刷费	0.5	工作室宣传册
差旅费	1.5	调研共建国家级、省级工作室
劳务费	0.2	聘请专家讲座
培训费	1.0	参加省级辅导员工作室培训
委托业务费		
其他商品和服务支出		
合计	5万元	